GRUMPY CAT

GRUMPY CAT

UM LIVRO AZEDO

DICAS E ATIVIDADES PARA VOCÊ FICAR DE MAL COM O MUNDO

Tradução **Candice Soldatelli e Bruno Mattos**

BelasLetras

Publicado pela primeira vez em língua inglesa por Chronicle Books LLC, San Francisco, Califórnia.

Editor
Gustavo Guertler

Assistente editorial
Manuela Prusch

Tradução
Candice Soldatelli
Bruno Mattos

Revisão
Felipe Boff
Equipe Belas-Letras

Projeto gráfico e design
Kelly Abeln e Michael Morris

Adaptação
Celso Orlandin Jr.

Dados Internacionais de Catalogação na Fonte (CIP)
Biblioteca Pública Municipal Dr. Demetrio Niederauer
Caxias do Sul, RS

G887 Grumpy Cat
Gumpy Cat: um livro azedo/Grumpy Cat. Caxias do Sul, RS: Belas-Letras, 2014.
96 p., 20 cm.

ISBN 978-85-8174-158-1

1. Humor norte-americano. 2. Gatos.
I. Título

13/68 CDU: 820(73)-7

Catalogação elaborada pela Bibliotecária
Maria Nair Sodré Monteiro da Cruz CRB 10/904

Grafia atualizada segundo o Acordo Ortográfico da Língua Portuguesa de 1990, que entrou em vigor no Brasil em 2009.

[2014]

EDITORA BELAS-LETRAS LTDA.
Rua Coronel Camisão, 167
Cep: 95020-420 – Caxias do Sul – RS
Fone: (54) 3025.3888 – www.belasletras.com.br

MIX
Paper from responsible sources
FSC® C008047

Grumpy Cat

não gostaria de agradecer a . . .

~~Bryan Bundesen~~

~~Tabatha Bundesen~~

~~Ben Lashes~~

~~Kia Kamran~~

~~Emilie Sandoz~~

~~Kelly Abeln~~

~~Pokey~~

~~"Dog"~~

~~Cactus~~

NINGUÉM.

Uma introdução azeda

Muitas vezes me perguntam como eu me tornei tão azedo. Respondo sempre da mesma maneira: você pode contar até três e cair fora, ou verá minhas garras.

Veja bem, o verdadeiro azedume vem de dentro – você tem que senti-lo no seu íntimo. Mesmo que você não tenha nascido assim, como eu, você ainda pode desenvolver um temperamento azedo. Este livro vai ajudá-lo com isso.

Por que ajudar você? Pelo seguinte motivo: eu sonho com um mundo no qual cada um se enfie no seu canto, saindo apenas de vez em quando para julgar uns aos outros e se enojar com tudo ao seu redor.

Nestas páginas você vai encontrar dicas de como ser azedo, um *tour* pela minha vida (para se inspirar) e atividades, jogos e muitas outras coisas que deixarão você de mau humor.

Depois disso tudo, espero que você finalmente me deixe em paz.

O PROBLEMA NÃO SOU EU
É VOCÊ

Previsão para a sua vida

AGORA QUE VOCÊ TEM ESTE LIVRO, as coisas vão parecer piores imediatamente. Aqui está a previsão para o resto da sua vida. Não importa como o tempo estiver lá fora, isto é o que vai estar dentro do seu coração.

HOJE

AMANHÃ

NO DIA SEGUINTE

NO DIA DEPOIS DO DIA SEGUINTE

NO RESTO DOS DIAS

TODO NOVO
COMEÇO
TERMINA

Pense azedo

COISAS QUE DEIXAM *VOCÊ* AZEDO:

- Tenho que acordar cedo demais.
- Meus pés estão doendo.
- Que cheiro ruim é esse?
- Está chovendo.

COISAS QUE *ME* DEIXAM AZEDO:

- Tenho que acordar.
- Tenho patas.
- O mundo tem cheiros.
- Qualquer coisa.

O VERDADEIRO AZEDUME
está em aceitar a parte horrível de tudo o que acontece diariamente.

LEMBRE-SE: *TUDO* É MUITO RUIM.

UMA VEZ EU ME DIVERTI
FOI HORRÍVEL

ODEIO
PESSOAS FELIZES PELA MANHÃ
E ODEIO MANHÃS
E PESSOAS

Ficando azedo

Está com dificuldade de manter seu azedume?

Aqui estão algumas estatísticas e alguns dados negativos para colocar você na linha:

Tomar deliciosos sorvetes geralmente resulta em uma dor de cabeça permanente e incurável.

Flores são esgotos de urina de abelha e cuspe de beija-flor.

Num lindo parque num dia ensolarado, as árvores ficam cheias de esquilos querendo largar pedras sobre sua cabeça.

Filhotes gostam de enganar as pessoas para que elas comecem guerras. Pelo menos 65% das guerras foram causadas por truques de filhotes

Bebês fofos e sorridentes são responsáveis por 99,5% das horríveis doenças que existem no mundo

Pessoas felizes têm duas vezes mais chances de ser atingidas por pianos em queda do que pessoas infelizes

Um único beijo contém mais germes do que 100 assentos de privada.

GRUMPY CAT
Momentos

MEU LAR

Eu moro no Arizona. Já ouviu falar? Tô nem aí.

O Arizona é quase todo árido e desprovido de vida.

Há um monte de poeira e de gravetos

Nem tudo é deserto. Às vezes, há alguma coisa verde, como uma árvore. Isso é o pior de tudo.

Aqui está um pouco de grama. Gostaria de enterrar você debaixo dela.

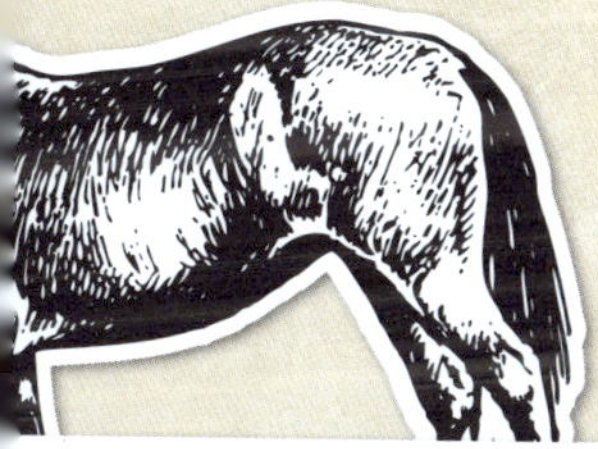

Mas, na maior parte do tempo, o Arizona é apenas um monte de pedras, areia e sol escaldante.

Eu evito contato direto com o ar livre sempre que possível.

O TEMPO CURA
TODAS AS FERIDAS
EU QUEBREI
O SEU RELÓGIO

PARE PARA CHEIRAR
AS ROSAS
VI ALGUMAS
NO MEIO DA ESTRADA

Passado, presente e futuro do azedume

PASSADO

0

Nasce fazendo cara feia.

3 MESES

Primeira palavra: Não.
Primeira expressão: Muito bem.

8 MESES

Se divertiu. Foi horrível.

1 ANO

Torna-se um gato famoso na internet. Destrói a esperança e os sonhos de milhões. Ótimo.

PRESENTE

14 ANOS

Inspira um novo tipo de cirurgia plástica que lhe dá uma cara feia permanente.

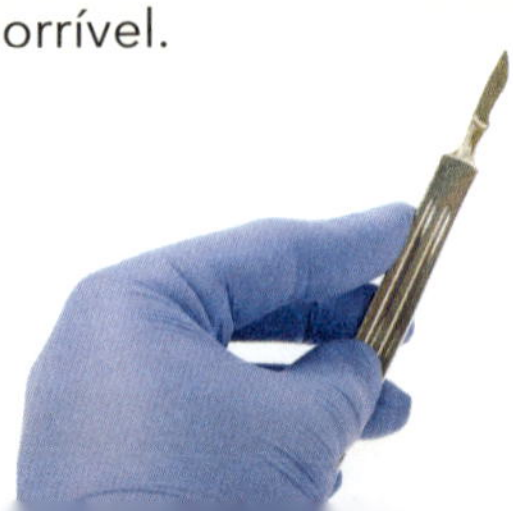

35 ANOS

Inventa um cão incapaz de latir, lamber ou sorri
Ganha muito dinheiro.
Queima tudo.

48 ANOS
Torna-se o primeiro gato presidente dos Estados Unidos com a seguinte campanha revolucionária: "Eu não me importo com este país nem com vocês".
Não faz nada enquanto está na presidência. Leva o país à falência. Ótimo.

70 ANOS
Sem querer, elimina a ameaça de aquecimento global com seu olhar gélido.

FUTURO

65 ANOS Leva inúmeras pessoas e animais às lágrimas.

100 ANOS
É o primeiro gato a viver 100 anos, pois aprendeu com as pessoas mais velhas que quanto menos você aproveitar a vida, mais tempo será forçado a viver. Continua a viver, provavelmente para sempre.

GRUMPY CAT
Momentos

MEUS COLEGAS DE QUARTO

Pokey é meu irmão biológico. Ele não se parece muito comigo.

Este cachorro aqui é horrível. Pra ser sincero, nem sei o nome dele.

Este é Cacto.
Ele é apenas um cacto com olhos esbugalhados. Não vejo muito problema nele.

Aqui estão os braços dos humanos com quem vivo. Eles estão sempre me apertando. Este dia da foto deve ter sido o pior da minha vida.

Não, foi este.

VOCÊ SÓ VIVE
UMA VEZ
E JÁ É
DEMAIS

Por que eu odeio... Cachorros

Como ser azedo

Ser azedo é uma arte. Para alguns de nós (eu), acontece de maneira natural. Mas, para a maioria, é necessário praticar durante toda a vida. Porém, com algumas dicas simples, qualquer um pode começar a trilhar o caminho do azedume com qualquer idade.

Aqui estão alguns truques úteis:

SITUAÇÃO	REAÇÃO
Alguém faz uma brincadeira ou parece estar querendo agradar.	Sacuda a cabeça de um lado para o outro, demostrando sua vergonha alheia. Recuse-se a olhar essa pessoa nos olhos, tente bufar bastante e esfregue a mão na testa. Repita o quanto for necessário até que essas pessoas saiam da sala constrangidas.
Você está enfrentando algum problema.	Não peça ajuda. Tente se lembrar de que, seja lá o que você esteja fazendo, isso não importa de forma alguma. Simplesmente não faça.
Você tem um tempo livre.	Olhe em volta e tente pensar em pelo menos uma crítica que possa ser feita em relação a alguma coisa. O objetivo é não ver nada além de decepção e fracasso.
Você se sente esperançoso e otimista.	Pense bem e lembre-se de que você é um ponto insignificante neste planeta e que sua vida não tem propósito algum.

SE VOCÊ
NÃO TEM NADA
DE BOM A DIZER
ÓTIMO

Anatomia de uma cara feia

1. Simultaneamente, os olhos te julgam e pensam que você é chato demais para ter importância
2. As pupilas ficam levemente dilatadas por desgosto e descrença
3. As sobrancelhas ficam um pouquinho enrugadas
4. O queixo fica protuberante, mas não o suficiente para que você pareça convencido ou algo assim
5. Os cantos da boca se aproximam do queixo
6. O topo da boca se aproxima do nariz
7. Orelhas: sinta-se à vontade para testar e encontrar o que fica melhor em você

Mesmo que você ainda não esteja completamente azedo, *aparentar* algum azedume ajudará você a chegar lá..

PRATIQUE SUA CARA FEIA, O RESTO VIRÁ SOZINHO.

1
2
3
4
5
6
7

GRUMPY CAT
Momentos

MINHA VIDA

Eu costumo comemorar meu aniversário assoprando as velinhas de outra pessoa antes que ela tenha chance de fazer isso.

Tentei ensinar Pokey a ser azedo. Não funcionou.

Aqui estamos eu e Cacto. Não conversamos muito. Na real, apenas olhamos para o nada e pensamos nas coisas de que não gostamos.

Ah, o cachorro. Ele me tortura constantemente com beijos.

E com outras coisas.

SE VOCÊ
ESTÁ FELIZ
PARE

Da escrivaninha do Grumpy Cat

COISAS A FAZER HOJE

- [x] CRITICAR VOCÊ
- [x] CRITICAR SUA CARA
- [x] TOMAR CAFÉ DA MANHÃ
- [x] TOMAR O SEU CAFÉ DA MANHÃ
- [x] FAZER UM GAROTINHO CHORAR
- [ ] FAZER UMA VELHINHA CHORAR
- [ ] FICAR DE BOA COM O CACTO
- [x] TIRAR SARRO DO CACHORRO
- [ ] DORMIR E ESPERAR POR OUTRO DIA TERRÍVEL

Arquivos do Grumpy Cat

Se você dominar cada uma destas expressões, será capaz de arruinar com eficiência o dia de qualquer pessoa.

Fechar a cara = Descontente

EXPRESSÃO

SIGNIFICADO

Encarar = Ressentido

Olhar atravessado = Furioso

Fitar furiosamente = Soturno

Olhar cortante = Enojado

Olhe para o espelho e pratique até que você não seja mais um fracasso.

Pop Quiz!

LIGUE A EXPRESSÃO FACIAL À SITUAÇÃO.

Agora que você é um especialista em caras feias, chegou a hora de provar. Ligue a expressão azeda à ocasião alegre e estrague o momento para todos os envolvidos.

A

B

C

D

1

2

3

4

RESPOSTAS: 1, C; 2, A; 3, B; 4, D

Caça-palavras azedo

DESCUBRA O QUÃO AZEDO VOCÊ É!

Veja quantas vezes você pode encontrar a palavra "azedo" no diagrama abaixo.

U	P	G	Y	P	R	U	R	G
E	E	R	P	I	S	G	R	U
G	R	U	G	P	Y	R	G	D
G	A	Q	U	O	R	U	X	G
R	Y	P	R	U	R	F	U	R
Z	R	Y	G	T	U	P	M	U
M	G	R	Y	M	P	Y	P	R
P	G	R	M	N	L	U	Y	P
Y	Y	P	M	U	W	G	C	Y

RESPOSTA: Você é um fracasso. Não, não precisa de uma razão.

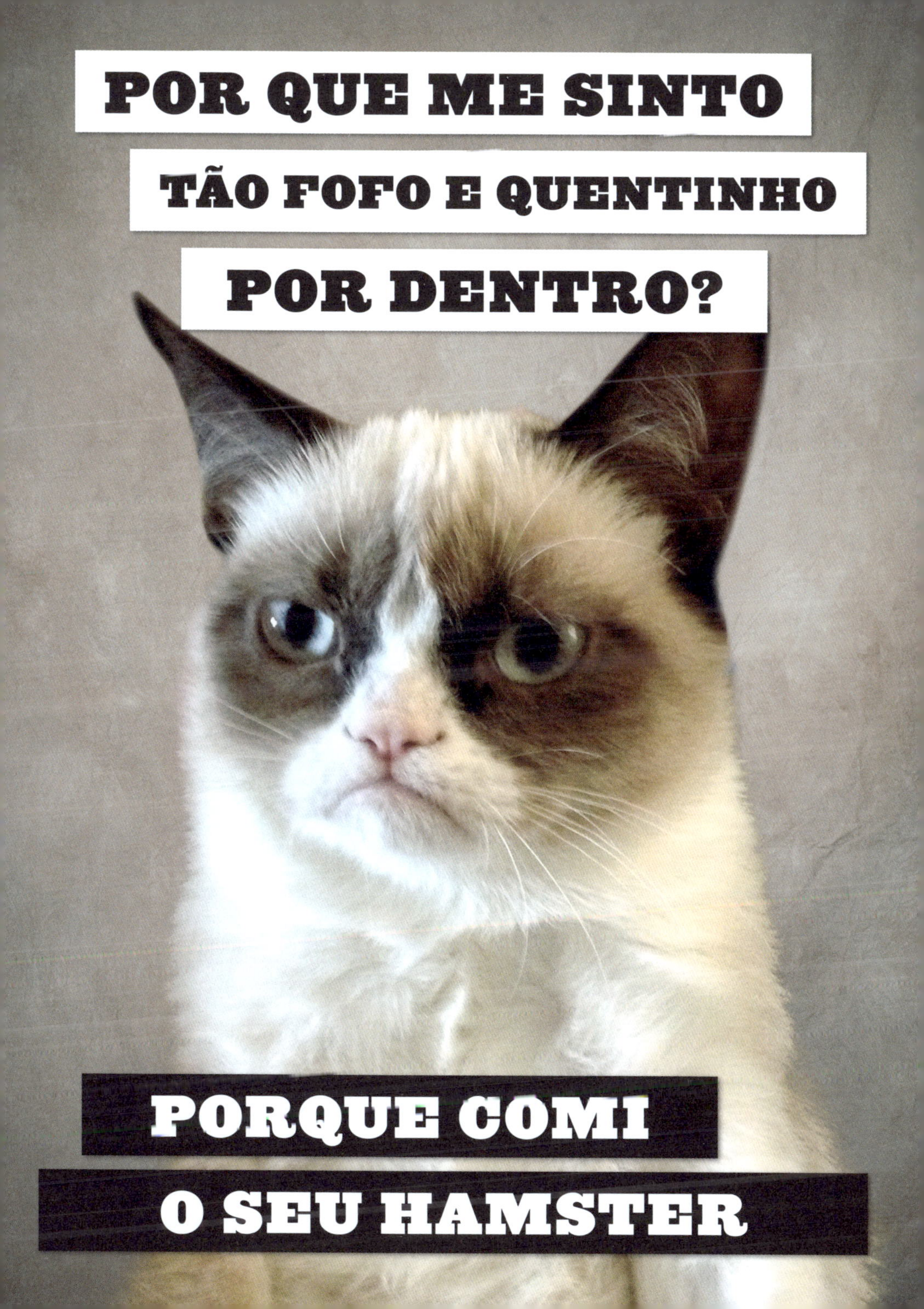
POR QUE ME SINTO
TÃO FOFO E QUENTINHO
POR DENTRO?
PORQUE COMI
O SEU HAMSTER

A VIDA É COMO UMA
CAIXINHA DE BOMBONS
MAS ESTES NÃO
SÃO CHOCOLATES DE VERDADE

Ligue os pontos para revelar o meu pior pesadelo.

RESPOSTA: Um cachorro que está feliz e quer receber carinho.

Pôsteres desmotivacionais

Às vezes, até mesmo o mais azedo dos azedos precisa de inspiração para manter o seu azedume.

Amigo
é aquele que não sabe
o quanto você o odeia.

Apenas desista.

Faça uma cara feia
e o mundo fará uma
cara feia para você.

Se você odeia algo,
deixe-o livre. Se voltar
para você, acabe com ele.

VISUALIZE O AZEDUME

Se você está com dificuldades para despertar o seu azedume interior, experimente este exercício de meditação:

Feche os olhos, respire fundo e imagine o seguinte...

Você está caminhando de pés descalços por uma floresta.
Os raios de sol penetram pelas árvores.
O musgo sob seus pés é macio.

Você sobe num tronco para enxergar melhor...

... e vê uma farpa gigante entrar no
meio dos seus dedos dos pés

No galho de uma árvore próxima, um pássaro azul canta para você, entrando no ritmo musical das águas do riacho que corre em meio à floresta...

... e faz cocô em você. Quando você olha para
cima, ele faz cocô de novo. No seu olho.

Você avista um unicórnio fugidio em meio aos arbustos...

... e ao se aproximar percebe que é apenas um cavalo
com uma casquinha de sorvete grudada na cabeça.

HÁ DOIS TIPOS
DE PESSOAS
NESTE MUNDO
PREFERIA QUE NÃO HOUVESSE NENHUMA

GRUMPY CAT
Momentos

VEZES EM QUE FUI PRESO

Perturbou a ordem pública

Fez um policial chorar

Fez um cachorro chorar

Arruinou o Natal

Usou a caixa de areia de forma incorreta

Traduzindo o azedume

PARLEZ-VOUS AZEDAIS? HABLAS AZEÑOL? SPRECHEN SIE AZÖDER?

É fácil ser azedo em todo o mundo. Se alguém perguntar alguma coisa, aqui está como responder em vários idiomas.

INGLÊS: NO
VENEZIA
ITALIANO: NO
CHINÊS: 没有
FRANCÊS: NON

TENTEI VER
O LADO BOM
DA VIDA
MEUS OLHOS DOERAM

TENHO UMA IDEIA
SUMA DAQUI

O que está me deixando azedo?

Desenhe algo para eu criticar.

RESPOSTA: Você deveria ter desenhado um autorretrato.
Você sempre me decepciona.

Da escrivaninha do Grumpy Cat

LISTA DE COMPRAS

- [x] REPELENTE PARA CACHORROS
- [ ] REPELENTE PARA PESSOAS
- [x] HAMSTER (DIGA AOS CARAS DA PET SHOP QUE VOCÊ QUER UM ANIMALZINHO DE ESTIMAÇÃO. TENTE CONTER A RISADA DIABÓLICA.)
- [ ] LANCHINHO DA TARDE (MAIS HAMSTERS?)
- [x] CHAPÉU ESTÚPIDO PARA ENFIAR À FORÇA NA CABEÇA DOS DONOS E TIRAR UMA FOTO ESTÚPIDA

O QUE NÃO
MATA VOCÊ
NÃO ESTÁ FUNCIONANDO

DIZEM QUE SEU ROSTO
USA MAIS MÚSCULOS
PARA FAZER CARA FEIA
DO QUE PARA SORRIR
EU GOSTO
DE MANTER A FORMA

Por que eu odeio . . . Gatinhos

Cruzadinha do Grumpy Cat

HORIZONTAIS

1. O oposto de "sim"
2. Grito de torcida: "____ para!"
3. As três últimas letras de anão
4. Os bebês não são a coisa mais fofa do mundo?
5. Nome de um filme de 007: "O mundo ____ é o bastante"
6. Palavra usada como resposta negativa
7. Sinônimo para "nem pensar" ou "nunca", com três letras.
8. Filme brasileiro: "Meu nome ____ é Johnny"
9. "Não é ____ "
10. Gostaria de se cadastrar para receber o cartão da loja?

VERTICAIS

1. Palavra de negação composta por três letras.
2. Um dos dez mandamentos: "____ matarás".
3. Pode me dar uma mãozinha aqui?
4. O Papai Noel ___ existe.
5. Música do Cazuza: "O tempo ___ para"
6. Palavra negativa de três letras que rima com infecção.
7. Anagrama de oãn.
8. "Cavalo dado ___ se olha os dentes".
9. Podemos ser amigos?
10. Você se sairá bem na próxima prova de Química?

ESPOSTAS: Horizontais (1. Não 2. Não 3. Não 4. Não 5. Não 6. Não 7. Não 8. Não 9. Não 10.
Não) Verticais (1. Não 2. Não 3. Não 4. Não 5. Não 6. Não 7. Não 8. Não 9. Não 10. Não)

1
2
3
4
5
6
7
8
9
10

Monumentos do Grumpy Cat

Desde o início dos tempos os humanos erigiram monumentos ao azedume. Essas grandes maravilhas do mundo servem para fazer as pessoas felizes pararem de sorrir e começarem a fazer cara feia.

Ajude-me a chegar até o divertido novelo de lã!

RESPOSTA: Isso foi um teste. Eu fechei todas as saídas do labirinto e me recuso a participar. Você fracassou.

EU RIRIA
POR ÚLTIMO
MAS MEU ROSTO NÃO CONSEGUE
FAZER ESSE MOVIMENTO

GRUMPY CAT *Momentos*

ACONTECIMENTOS HISTÓRICOS ARRUINADOS POR MIM

A chegada à Lua

A assinatura da Declaração da Independência

A viagem do Titanic

A expedição de Shackleton

A queda do Muro de Berlim

Ligue os pontos e descubra como estou me sentindo.

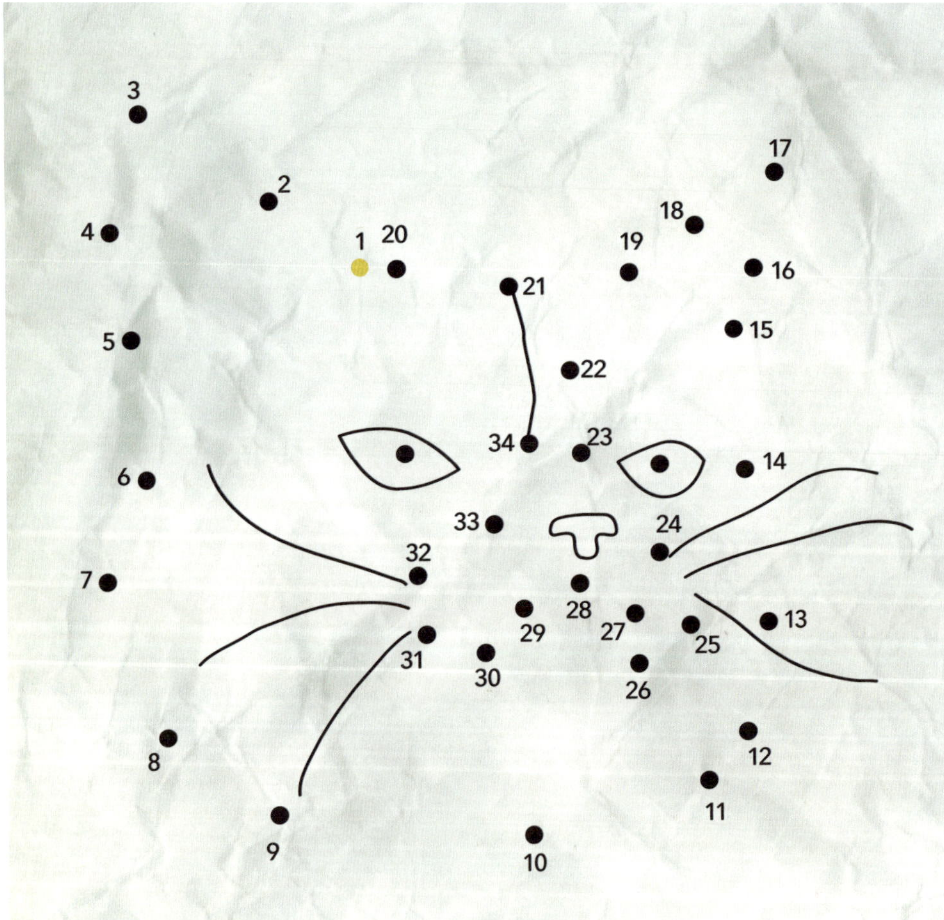

RESPOSTA: Você tinha alguma dúvida?

GOSTO DOS HUMANOS
DA MANEIRA COMO GOSTO
DO MEU CAFÉ
ODEIO CAFÉ

Lista azeda de leitura

Quando parece que você não conseguirá se livrar daquele bom humor, tente um destes clássicos da literatura azeda.

ROMEU & JULIETA
É UMA GRANDE
HISTÓRIA DE AMOR
OS DOIS MORREM NO FIM

Caça-palavras azedo

Encontre as palavras nada inspiradoras no diagrama abaixo.

PÉSSIMO	RABUGENTO	NÃO	VINGATIVO	IMPRESTÁVEL
HORROROSO	HORRÍVEL	ODIOSO	TENEBROSO	ZERO
TERRÍVEL	DESLEIXADO	PESSIMISTA	INFELIZ	
FRACASSO	MALVADO	DESISTIR	DESAGRADÁVEL	

F O U I F T O S U P O I I S S F
R A J N L E D O H S I N C A Y S
A N E H U N I L W M A F O J J G
C R H O R E O V E L U E P Y E S
A K E O B B S I T M A L V A D O
S A L D R R O T E R R I B L E E
S E E I O O S T W U S Z E E A A
O K V D E S A G R A D A V E L T
H Q I U L O V I N G A T I V O S
H O R R I V E L L L M Q O E T I
Z E R O I M P R E S T A V E L M
T D E S I S T I R A D F U L C I
T R T S W E L P E S S I M O S S
S R G A H O R R O R O S O U R S
I P E D E S L E I X A D O X R E
R A B U G E N T O T H L E S S P

RESPOSTA: Não tenho tempo para isso.

JÁ VIVI
SETE VIDAS
E ESTA É
A PIOR DE TODAS

GRUMPY CAT
Momentos

EVENTOS ARRUINADOS POR MIM

A festa de aniversário deste bebê

Este chá de bebês

A festa de aniversário
desta velhinha

A posse deste presidente
da República

Este casamento

Como dar uma festa azeda

Sabe-se lá por que você inventou de organizar uma festa. Talvez um cachorro esteja forçando você a isso, ou alguém que você odeia morreu e você quer celebrar. Seja lá qual for o motivo, use a festa como uma oportunidade para deixar todo mundo de mau humor.

AMBIENTAÇÃO

- ☐ Nada de música
- ☐ Um relógio que faça tique-taque bem alto
- ☐ Se possível, dê a festa em meio a uma tempestade

DECORAÇÃO

- ☐ Uma dúzia (ou mais) de balões pretos
- ☐ Flores murchas
- ☐ Algo pegajoso e levemente seco derramado sobre o tapete

COMIDA

BOLO DE CAIXA DE AREIA

Ingredientes:

Um bolo de chocolate de pacote
Um bolo de baunilha de pacote
Uma caixa de pudim instantâneo de baunilha
Um pacote de bolacha maria
12 enroladinhos Bauducco

Materiais especiais:

Filme plástico
Uma caixa de areia nova, sem uso
Raspas de lixo

Modo de preparo

Faça os bolos de pacote de acordo com as instruções. Espere esfriar. Então, esmigalhe ambos os bolos numa bacia grande. Deixe de lado. Prepare o pudim instantâneo de baunilha conforme as instruções do pacote. Deixe esfriar e adquirir consistência. Esmigalhe os biscoitos dentro de um saco plástico usando um rolo de macarrão. Misture metade das migalhas de biscoito com as migalhas dos bolos e com o pudim até que a mistura fique úmida. Envolva uma segunda caixa de areia com filme plástico diversas vezes, para que a receita não tenha contato com as laterais da caixa. Depois de ter feito isso, cubra a caixa com a mistura, espalhando-a em uma camada plana. Pegue os 12 enroladinhos Bauducco e aqueça-os no forno de micro-ondas por 20 segundos. Em seguida, distribua-os pela caixa a fim de que pareçam cocô de verdade. Não se esqueça de colocar algumas migalhas restantes por cima dos enroladinhos. Sirva com uma pazinha de lixo.

BEBIDA

Adicione algumas gotas de corantes verde e vermelho num litro de leite. Sirva à temperatura ambiente.

Lista de presentes azedos

O QUE VOCÊ DEVE COMPRAR PARA UMA PESSOA QUE NÃO MERECE NADA?

Aqui estão algumas sugestões de presente para quando você ficar sem ideias. Eles vão estragar qualquer ocasião, desde o Natal até os aniversários, passando por muitas outras.

Novo arranhador para gatos

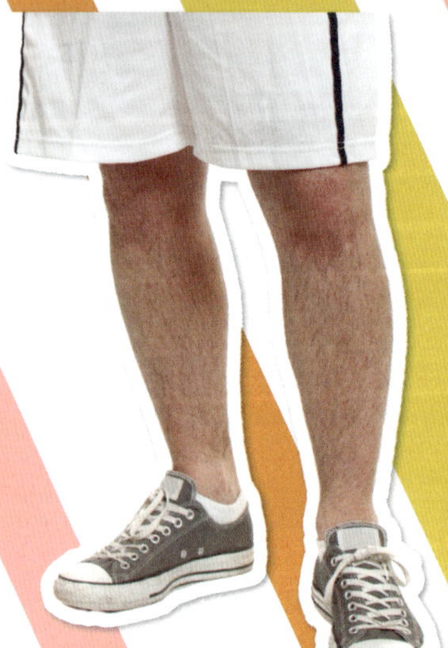

Pôster motivacional

Aparador de porta *deluxe*

Buffet livre num restaurante vegetariano

Caixa de areia ergonômica

Bola de brinquedo

TENHO UM PRESENTE
PARA VOCÊ
PROCURE NA
CAIXA DE AREIA

UM PASSO
POR VEZ
OPA,
VOCÊ TROPEÇOU

CUIDE DE
SEU CORAÇÃO
POIS VOCÊ
ESTÁ ENFARTANDO

Ligue os pontos para ver o que eu disse quando o cachorro do vizinho foi "morar numa fazenda".

A ARTE DE MANTER CONVERSAS AZEDAS

DEUS AJUDA
QUEM CEDO MADRUGA
SE EU ENXERGAR
A SUA CARA, EU CRAVO
MINHAS UNHAS

ABCDE
VSF

Hora de colorir com cores azedas

Dê um novo look para o Grumpy Cat!

Cores aceitas: cinza, cinza escuro, preto.

Ajude o cão a escapar

ESTE CACHORRO QUER BRINCAR

O cachorro mal imagina que estou levando ele para um perigo iminente, pois espalhei diversas armadilhas ao longo do caminho. Ajude-me a atravessar o labirinto, evitando as armadilhas e chegando em casa são e salvo (e sozinho).

NESTE MUNDO, TODOS SÃO
TRATADOS COMO CACHORRO
ÓTIMO

Em caso de felicidade

Chegamos ao final deste livro, o que significa que das duas, uma: ou você aprendeu a ser azedo, ou não. De qualquer maneira, acho que daqui pra frente é melhor a gente se separar e cada um seguir o seu caminho. Aqui estão as últimas dicas:

- **Vá para uma fila do SUS.**
- **Faça uma cirurgia de apendicite voluntária.**
- **Derrube sua casquinha de sorvete no meio da calçada.**
- **Bata o dedinho do pé no canto de um móvel.**
- **Pise numa abelha.**
- **Deixe cinco ou seis moscas entrarem no seu quarto.**
- **Bata o nariz numa porta de vidro fechada.**
- **Derrame café sobre o computador antes de salvar seus arquivos.**
- **Respire fundo. Inalando um mosquito.**

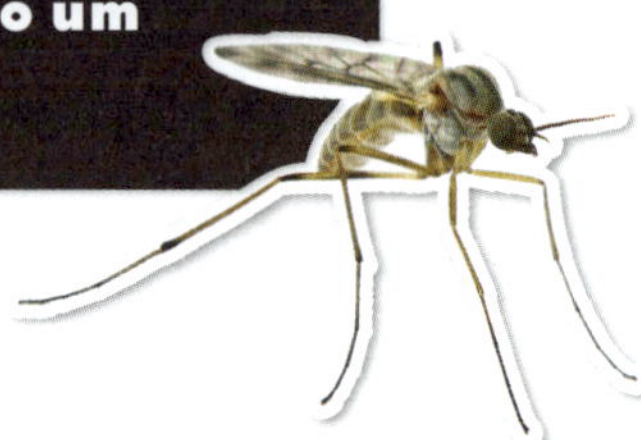

ABRA UM GRANDE SORRISO
E VIRE-O DE
CABEÇA PARA BAIXO

UMA VEZ EU
ESCREVI UM LIVRO
FOI HORRÍVEL